독립운동의 슈퍼스타들

사□계절

독립운동의 슈퍼스타들

예영 글 | 송진욱 그림

차례

★안중근 8
북두칠성의 기운을 타고난 아이 11

안중근 업적 13

손가락을 잘라 맹세한 대한 독립의 꿈 15

안중근 인터뷰 17

대한 제국의 원수 이토 히로부미를 쓰러뜨리다 20

안중근의 한마디 21

재판정에서 일본과 이토 히로부미의 죄를 고발하다 24

안중근 갤러리 27

★유관순 30
이화 학당의 5인 결사대 33

유관순 업적 35

터지자 밀물 같은 대한 독립 만세! 37

유관순 인터뷰 39

나는 죄인이 아니다! 42

유관순의 한마디 43

죽는 순간까지 부르고 싶었던 대한 독립 만세! 46

유관순 갤러리 47

★윤봉길 52

배움으로 힘을 길러 나라를 되찾자 55

윤봉길 업적 57

독립운동을 위해 중국으로 59

윤봉길 인터뷰 61

운명의 그날을 위해 64

윤봉길의 한마디 65

훙커우 공원에서 던진 물통 폭탄 68

윤봉길 갤러리 69

★김구 74

김창암, 김창수, 김구 77

김구 업적 79

독립운동에 몸을 바치기로 결심한 천하고 평범한 사람 81

김구 인터뷰 83

현상금 60만 원이 걸리다 86

김구의 한마디 87

나라가 갈라지는 것만은 막아야 한다 90

김구 갤러리 91

책을 읽고 나서 96

북두칠성의 기운을 타고난 아이

안중근은 1879년 황해도 해주에서 안태훈 진사의 3남 1녀 중 장남으로 태어났어. 어릴 때 이름은 안응칠이었어. 몸에 팥알만 한 점이 일곱 개 있는데 모양이 꼭 북두칠성을 닮았거든.

응칠이는 눈에 띄는 아이였어. 다섯 살에 《천자문》을 뗄 만큼 영리했고, 붓글씨는 어른들도 감탄할 정도였지. 그뿐인가? 활쏘기며 총 쏘기며 말타기며 못하는 게 없었어. 한번 맘을 먹은 건 꼭 해내고 마는 성격이었지. 게다가 겨우 열네 살에 위험한 멧돼지 사냥을 따라다닐 만큼 겁도 없었어.

하루는 할아버지가 응칠이를 불렀어.

"너는 재주는 많으나 성격이 신중하지 못해 큰 실수를 할까 걱정이다. 하여 너의 이름을 '무거울 중' 자에 '뿌리 근' 자를 써서 '중근'이라 지어 줄 테니 뿌리처럼 깊고 묵직한 사람이 되거라."

새로운 이름을 갖게 된 안중근은 열여섯 살에 혼인을 하여 어엿한 어른이 되었어. 아버지의 영향으로 천주교 신자가 되어 '도마(Thomas, 多默)'라는 세례명도 받았지. 천주교는 서양의 학문에 눈뜨게 해 주고, 나라 안팎에서 벌어지는 일들에 관심을 갖게 해 주었어.

그 무렵, 우리나라의 사정은 매우 위태로웠어. 일본은 명성 황후를 죽이고, 우리나라를 차지할 속셈으로 러시아와 전쟁까지 벌였어. 그리고 이토 히로부미라는 정치가를 보내 강제로 을사조약을 맺어 우리나라의 외교권을 빼앗았어.

이 소식을 들은 안중근은 깊이 고민했어.

"위기에 빠진 나라를 위해 싸우고 싶으나 이 땅에서 일본과 맞서기는 힘들다. 해외에서는 일본의 감시가 덜할 테니 그곳에 가서 독립운동을 하자."

결심이 굳어지자 안중근은 중국 상하이로 갔어. 그런데 거기 사는 동포들은 제 한 몸 먹고살기도 빠듯해 나랏일에는 관심을 가질 여력이 없었지.

실망스런 마음에 교회를 찾아가는데 우연히 반가운 얼굴을 만났어. 황해도에서 전도 활동을 하던 르 각 신부였어.

안중근이 상하이로 가족을 데려와 독립운동을 할 계획을 털어놓자 르 각 신부가 진지하게 충고했어.

"모든 사람들이 다른 나라로 가 버리면 자네 나라는 어찌 되겠는가? 그보다는 국민들을 교육시켜 독립사상을 키우는 게 어떻겠나?"

안중근 업적

★ '삼흥 학교'를 세워 나라를 살릴 인재를 키움.

★ 우리나라 최초의 독립군인 '대한 의군'의 참모 중장을 맡아 의병 활동을 함.

★ 우리나라를 침략하려는 일본의 앞잡이 이토 히로부미를 총으로 쏨.

★ 재판정에서 당당하게 일본과 이토 히로부미의 죄를 고발함.

내가 그 어려운 걸 했단다.

안중근은 비로소 자신이 해야 할 일을 깨달았어.

'학교를 세워 인재를 키우자. 그것이야말로 나라를 살리는 길이다.'

안중근은 서둘러 집으로 돌아왔어. 그런데 억장이 무너지는 소식이 기다리고 있었어. 아버지가 돌아가신 거야.

그는 슬픔을 가슴에 묻고 상하이에서 마음먹은 교육 사업을 시작했어. 동생 정근, 공근과 상의하여 아버지가 물려주신 재산으로 삼흥 학교를 세우고, 천주교회가 운영하던 돈의 학교도 맡아 운영했어.

손가락을 잘라 맹세한 대한 독립의 꿈

교육 사업을 벌인 지 1년 남짓 되었을 때, 일제의 간섭과 만행은 점점 더 심각해지고 있었어. 이토 히로부미는 고종을 협박하여 강제로 황제의 자리에서 물러나게 하고, 대한 제국 군대까지 해산시키는 등 우리나라를 멋대로 휘둘렀어.

"이제는 힘으로 싸워야 할 때다."

안중근은 동생들에게 가족을 부탁하고 러시아 블라디보스토크로 갔어. 그리고 그곳에서 활동하는 독립운동가들을 만나 무너져 가는 나라를 위해 할 일을 고민했어. 그 결과, 의병 부대를 만들어 일본을 공격하기로 했지. 고맙게도 러시아 동포들이 군대를 만들 자금을 내주고, 많은 젊은이들이 의병으로 싸우겠다고 나섰어.

마침내 1907년, 우리나라 최초의 독립군인 '대한 의군'이 만들어졌어. 안중근은 참모 중장을 맡아 300명의 의병을 이끌고 일본을 물리치기 위한 작전을 펼쳤어.

대한 의군은 두만강을 건너며 곳곳에서 보초를 서고 있는 일본군 부대와 싸워 이겼어. 이때 10여 명의 일본인을 포로로 잡기도 했지.

일본인을 원수로 생각하는 의병들은 포로들을 죽이자고

했지만, 안중근은 생각이 달랐어.

"일본인이라고 무조건 죽인다면 우리가 일본과 다를 게 뭐가 있겠소."

끝내 안중근이 포로들을 풀어 주자 불만을 품은 여러 의병들이 떠나 버렸어.

그런데 얼마 뒤, 풀어 준 포로들이 일본군에게 안중근 부대가 있는 위치를 말해 버리는 바람에 큰 곤란을 겪었어. 대규모의 일본군이 공격해 왔거든.

예상치 못한 공격에 안중근 부대는 크게 지고 말았어. 의병들은 전투 도중 죽거나 도망쳐 버려서 겨우 네 명만 남았지. 네 명은 굶주림 속에 죽을 고비를 몇 차례나 넘겨 가며 간신히 블라디보스토크로 돌아갔어.

안중근은 군사를 모두 잃어 동포들 볼 낯이 없었지만 용기를 냈어.

'실패했다고 주저앉기엔 아직 할 일이 많다. 다시 한번 일어서자.'

그러던 1909년 3월, 안중근은 김기룡, 엄인섭 등 뜻 맞는 열한 명의 동지들과 비밀 조직을 만들었어. 이들은 몸과 마음을 바쳐 나라를 구하겠다는 결의로 넷째 손가락 한 마디

안중근 인터뷰

 안중근 의사님, 하얼빈역에서 이토 히로부미에게 총을 쏜 뒤 왜 도망치지 않았나요?

내 목적은 두 가지였지요. 하나는 우리나라를 빼앗으려는 일본의 앞잡이 이토 히로부미를 처단해 우리 민족이 일본과 이토 히로부미에게 얼마나 분노하고 있는지 알리는 것이었어요. 또 하나는 일본과 이토 히로부미가 하는 짓이 우리나라의 독립과 동양의 평화를 위협하는 일임을 전 세계에 낱낱이 고발하는 것이었습니다. 그래서 거사 후 도망치지 않고 내가 한 일이라고 당당히 밝힌 것입니다.

를 잘라 그 피로 태극기 위에 네 글자를 적었어. 그것은 바로 '대한 독립'이었지.

이들은 모임 이름을 '손가락을 끊었다'라는 뜻으로 '단지회'라 정하고, 이날의 맹세를 '단지 동맹'이라고 이름 지었어.

이날 안중근은 동지들 앞에서 다짐했어.

"3년 안에 반드시 이토 히로부미를 처단할 것이오!"

뜻밖에도 그 시기가 빨리 찾아왔어. 이토 히로부미가 하얼빈에 와서 러시아의 코코프체프 재무 장관을 만나 만주 땅을 나눠 갖는 문제로 협상을 할 예정이라는 거야.

안중근은 주먹을 불끈 쥐었어. 그러고는 대한 의군에서 함께 활동했던 우덕순을 만났어.

"우리나라를 일본의 식민지로 만들려는 이토 히로부미를 없앨 작정이오!"

우덕순의 눈이 안중근만큼이나 강하게 빛났어.

"그런 거룩한 일에 내가 빠질 수 없지. 함께합시다!"

두 사람은 권총을 구한 뒤, 전부터 알고 지내던 유동하와 조도선에게 통역을 부탁했어. 물론 두 사람에게는 피해가 가지 않도록 무슨 일을 하려는지 말하지 않았어.

안중근과 우덕순은 이토 히로부미를 태운 열차가 하얼빈

역이나 지야이지스고역에 도착할 거라는 정보를 얻고 두 역을 돌아봤어. 하얼빈역은 경비가 심해서 위험했고, 지야이지스고역은 총을 쏘기에 적당치 않았어. 가장 큰 문제는 이토가 어느 역에 내릴지 모른다는 거였지.

안중근이 우덕순에게 은밀히 총과 총탄을 건네며 말했어.

"나는 하얼빈역으로 가겠네. 만약 이토가 지야이지스고역에 내리면 자네가 총을 쏘고, 하얼빈역에 내리면 내가 처리함세."

안중근은 유동하와 함께 하얼빈으로 향했어.

대한 제국의 원수 이토 히로부미를 쓰러뜨리다

이토 히로부미가 오기로 예정된 1909년 10월 26일 아침, 안중근은 검은 양복을 차려입고 품에 권총을 숨긴 채 하얼빈 역으로 향했어. 역에 도착하니 러시아 헌병들이 이토를 보기 위해 승강장에 들어오려는 사람들의 신분증을 하나하나 검사하고 있었지.

'양복 안주머니에 넣은 권총을 들키면 모든 일이 물거품이 될 텐데.'

다행히 유동하가 안중근을 가로막는 헌병에게 유창한 러시아어로 말해 주었어.

"이분은 일본 신문 기자입니다."

덕분에 쉽게 통과된 안중근은 따라오겠다는 유동하를 억지로 돌려보냈어.

9시가 되자 특별 열차가 도착했어. 러시아 군악대가 환영곡을 연주했고 환영객들은 이토 히로부미가 열차에서 내리기를 기다렸지.

30분쯤 지났을 때 열차 앞에 줄지어 서 있던 헌병들이 술렁댔어. 그리고 곧 검은 코트를 입고 검은 모자를 쓴 하얀 턱수염의 노인이 열차에서 내렸어.

안중근의 한마디

一日不讀書口中生荊棘
(일일부독서 구중생형극)

하루라도 책을 읽지 않으면 입 안에 가시가 돋친다.

아악~! 어제 책 읽는 걸 깜빡했네!

안중근은 단 한 번도 본 적이 없지만 눈앞의 노인이 이토일 거라고 생각했어. 크게 심호흡을 하고는 앞으로 뚜벅뚜벅 걸어 나갔지. 그리고 재빨리 권총을 뽑아 들고 방아쇠를 당겼어.

탕! 탕! 탕!

이토가 가슴을 움켜쥐며 고통스런 표정으로 바닥에 쓰러졌어. 안중근은 쓰러진 자가 이토가 아닐 것을 대비하여 노인을 따르던 일본인들을 향해 다시 세 발을 쏘았어.

곧장 러시아 헌병들이 달려왔어. 안중근은 총을 내던지고 러시아 말로 외쳤어.

"코레아 우라! 코레아 우라! 코레아 우라!"

그건 바로 '대한 만세!'였어.

안중근은 충분히 도망갈 수 있는 상황이었지만, 현장에서 순순히 체포되어 자신이 대한 제국 사람임을 밝혔어. 그에게는 이토 히로부미를 암살하는 것보다 더 큰 목적이 있었거든.

체포된 지 일주일, 안중근은 일본이 관할하는 뤼순 형무소로 이송되었어.

안중근은 특별 감옥에 갇히며 거세게 항의했어.

"나는 러시아 관할 지역인 하얼빈에서 사건을 일으켰는데 왜 일본이 관할하는 뤼순으로 데려온 거냐! 왜 나를 일본 법원에서 재판 받게 하려는 거냐!"

안중근의 재판은 당연히 러시아 법원에서 이뤄져야 했어. 그러나 러시아는 일본과 껄끄러워질 것을 걱정하여 안중근을 그냥 넘겨 버렸지.

그사이 안중근의 의거 소식은 전 세계 신문 1면을 가득 채웠어. 소식을 들은 동생 정근과 공근은 곧바로 우리나라 변호사를 구했지만 일본은 일본에서 뽑은 변호사만 허락한다며 억지를 부렸어. 재판을 시작하기도 전부터 걸림돌에 부딪힌 거야.

재판정에서 일본과 이토 히로부미의 죄를 고발하다

 이런 상황에서 1910년 2월 7일, 첫 번째 재판이 열렸어.

 일본은 재판이 시작되자마자 안중근을 뻔뻔한 암살자로 몰아갔어. 하지만 안중근은 오래전부터 이 재판을 기다린 듯 일본과 이토 히로부미의 잘못을 줄줄이 폭로했어.

 "내가 이토 히로부미를 죽인 것은 그가 죽을 만한 죄를 많이 지었기 때문이다. 첫째는 명성 황후를 시해한 죄, 둘째는 고종 황제를 강제로 물러나게 한 죄, 셋째는 황제와 대신들을 협박하여 '을사조약'과 '정미 7조약'을 체결한 죄, 넷째는 죄 없는 우리나라 사람들을 죽인 죄, 다섯째는……."

 이토 히로부미의 열다섯 가지 죄를 거침없이 읊은 안중근이 재판장에게 물었어.

"이토의 죄가 이렇게나 많은데 내가 그를 죽인 게 잘못된 일이오?"

재판정에 있던 모든 이들의 표정이 얼어붙었어. 그 누구도 잘못된 일이라고 말할 수 없었지.

일본인들의 당황한 태도에 안중근은 미소를 지었어.

'내가 이토를 총으로 쏜 게 시작이란 걸 몰랐겠지. 난 이 재판정을 통해 일본과 이토 히로부미의 만행을 낱낱이 고발할 것이다!'

재판 결과는 발 빠르게 전 세계로 전해졌어. '재판의 진정한 승리자는 안중근이다.', '이 재판은 결국 안중근의 승리로 끝난 것이 아닌가!' 등의 기사가 각국 신문에 실렸지.

일본은 세계 여론이 자기네한테 불리하게 돌아가자 재판을 비공개로 바꾸고, 첫 재판이 시작된 지 겨우 일주일 만에 판결을 내렸어. 우덕순에게는 3년, 조도선과 유동하에게는 1년 6개월의 형이 내려졌지. 그리고!

"피고인 안중근을 사형에 처한다!"

안중근은 사형 선고를 예감한 듯 덤덤하게 받아들였어.

그런데 사형 선고를 내린 일본이 아주 웃긴 반응을 보였어. 개인적인 원한으로 이토에게 총을 쐈다고 하면 목숨만

안중근 갤러리

네가 만약 늙은 어미보다 먼저 죽은 것을
불효라 생각한다면 이 어미는 웃음거리가 될 것이다.
너의 죽음은 너의 한 사람 것이 아니라 조선인 전체의
공분을 짊어지고 있는 것이다.
네가 항소를 한다면 그것은 일제에 목숨을 구걸하는 짓이다.
네가 나라를 위해 이에 이른즉 딴 맘 먹지 말고 죽으라.
옳은 일을 하고 받은 형이니 비겁하게 삶을 구하지 말고
대의에 죽는 것이 어미에 대한 효도이다.
아마도 이 편지가 이 어미가 너에게 쓰는 마지막 편지가 될 것이다.
여기에 너의 수의를 지어 보내니 이 옷을 입고 가거라.
어미는 현세에서 너와 재화하기를 기대치 않으니
다음 세상에는 반드시 선량한 천부의 아들이 되어 이 세상에 나오너라.

▶ **안중근의 어머니 조마리아 여사의 편지**
조마리아 여사가 아들 안중근의 사형을 앞두고 수의와 함께 안중근에게 보낸 편지이다.

▲ 안중근

▲ 조마리아 여사

은 살려 주겠다고 안중근을 설득한 거야. 안중근의 거사를 개인적인 일로 깎아내리려는 일본의 얕은 속셈이었지.

"구차하게 목숨을 구걸할 생각은 조금도 없소."

안중근은 고민할 것도 없이 항소를 포기했어. 대신 뤼순 특수 감옥 제22호에서 유언처럼 자신의 생각을 글로 남겼어. 먼저 자신의 인생을 담은 자서전 《안응칠 역사》를 완성하고, 동양의 평화를 위해 각 나라가 함께 나아갈 바를 담은 〈동양 평화론〉을 쓰기 시작했어.

그즈음 안중근의 경호를 맡은 헌병, 뤼순 형무소 간수, 통역관 등 일본인들이 안중근에게 붓글씨를 써 달라며 줄을 섰어. 안중근이 재판을 하면서 보여 준 당당한 모습과 깊은 애국심에 감동했던 거야.

안중근은 일본은 미워도 일본 사람 자체가 미운 것은 아니라며 100여 점이 넘는 붓글씨를 써 줬어. 그리고 글마다 넷째 손가락을 자른 손도장을 찍었어.

마침내 사형 집행일이 되었어.

안중근은 어머니가 보내 준 하얀 한복으로 갈아입고, 동생들에게 유언을 남겼어.

"내가 죽은 뒤에 나의 뼈를 하얼빈 공원에 묻어 두었다가 우리나라가 독립하면 조국으로 데려가 다오. 대한 독립의 소리가 천국에 들려오면 나는 춤추며 만세를 부를 것이다."

1910년 3월 26일 오전 10시 15분, 안중근은 32세의 짧지만 강렬한 삶을 마쳤어.

사형 집행이 끝나자 일본은 뤼순 형무소 뒤 공동묘지 어딘가에 안중근의 시신을 묻고 입을 닫았어. 시신을 하얼빈이나 우리나라에 묻으면 그 무덤이 독립운동의 상징이 되고, 안중근의 정신이 널리 퍼질까 두려웠던 거지.

안타깝게도 안중근의 유해는 끝내 조국의 품으로 돌아오지 못했어. 그러나 그의 정신은 일본의 지배를 받는 35년 내내 나라 잃은 동포들에게 나라를 되찾겠다는 의지와 희망을 불어넣어 주었어. 그리고 그가 떠난 지 100년이 넘은 지금에도 오늘을 사는 우리에게 깊은 감동을 주고 있어.

(1902~1920년)

이화 학당의 5인 결사대

유관순은 1902년, 충청남도 목천군 이동면(천안시 병천면)에 사는 기독교 집안에서 태어났어.

유관순은 어릴 때부터 마을에서 소문이 자자했어. 장난 잘 치고, 놀기 잘하고, 또래 아이들을 우르르 몰고 다니는 게 꼭 사내대장부 같았지. 영특하기로도 유명했어. 다섯 살 때 어깨너머로 한글을 익혀 성경을 줄줄 외웠거든.

고집은 또 얼마나 셌는지 몰라. 옳지 않다고 생각되는 일은 어른 앞에서라도 꼭 따지는 성격이었지. 그러나 단 한 가지, 유관순이 따져서 바로잡을 수 없는 게 있었어. 바로 우리나라를 지배하고 있는 일본의 행패였어.

우리나라는 유관순이 아홉 살이던 1910년, 일본에 국권을 빼앗기면서 식민 지배를 받았어. 나라를 빼앗겼다는 것이 얼마나 서러운 일인지 어린 유관순도 느낄 수 있었어. 당장 학교에 일장기가 걸리고, 일본어로 수업을 받고, 일본 왕을 향해 충성을 바친다는 맹세문을 외워야 했지. 일본인들의 무시와 조롱은 말할 것도 없었고.

유관순은 아직 나이 어린 자신이 할 수 있는 건 열심히 배우는 거라고 생각했어.

'우리나라에 똑똑한 사람들이 많아지면 일본도 함부로 못할 거야.'

유관순이 열네 살이 되었을 때 좋은 기회가 찾아왔어. 선교사인 사애리사 부인의 추천으로 경성(서울)에 있는 이화 학당에 장학생으로 뽑힌 거야.

유관순은 장학금을 받으며 학교에 다닐 수 있는 혜택에 감사하며 남몰래 학교 청소를 하는 등 봉사 활동을 열심히 했어. 집안이 가난해서 식비를 내지 못하는 친구를 위해 몰래 식비를 내 주고 굶기도 했지. 방학 때가 되면 고향으로 내려가 마을 사람들에게 글을 가르쳐 주었어.

그러나 해가 갈수록 나라 사정은 더 어려워졌어. 일본은 우리나라 사람들한테 더 이상 빼앗아 갈 게 없을 정도로 빼앗아 가며 괴롭혔어.

그러던 1919년 1월 22일, 믿기지 않는 소식이 들렸어.

"황제 폐하가 돌아가셨대."

"평소 즐겨 드시던 식혜에 일본이 몰래 독약을 탔다나 봐."

일본에 의해 강제로 물러났던 고종이 독살 당했다는 소식은 우리나라 백성들에게 하늘이 무너지는 일이었어. 나라를 빼앗긴 설움이 다시 한번 가슴을 후벼 팠지.

유관순 업적

★ 이화 학당에 다니던 1919년, 3·1 만세 운동에 참여함.

★ 이화 학당이 문을 닫자 고향으로 내려가 음력 3월 1일 아우내 장날에 독립 만세 운동을 벌임.

★ 만세 운동의 주동자로 잡혀가 당당하게 재판을 받음.

★ 서대문 형무소 수감 중 만세 운동을 벌이다 고문과 영양실조로 순국함.

이 사건은 그냥 넘어가지 않았어. 2월 8일, 일본에 유학가 있는 학생들이 우리나라의 독립을 선언했고, 경성에서도 독립운동가들이 은밀히 만세 운동을 준비했어. 지금이야말로 일본의 지배를 받으며 꾹꾹 눌러 왔던 설움을 터뜨릴 때라 여긴 거야. 또 이 기회에 독립을 이루고 말겠다는 우리의 의지를 세상에 알려야 한다고 판단한 거지.

유관순도 기숙사에서 같은 방을 쓰는 김복순, 국현숙, 서명학, 김희자와 '5인 결사대'를 만들었어.

"우리도 나라를 구하는 일에 앞장서자!"

터지자 밀물 같은 대한 독립 만세!

고종 황제의 장례식이 이틀 남은 3월 1일, 어디선가 거대한 함성이 들려왔어. 유관순이 기숙사 밖으로 나가 보니 사람들이 태극기를 들고 거리로 쏟아져 나오며 외치고 있었어.

"대한 독립 만세!"

독립운동가들의 소리 없는 움직임이 모습을 드러낸 거야.

이날 오후 2시, 33인의 민족 대표들은 서울 종로구 인사동에 있는 요릿집 태화관에서 〈독립 선언서〉를 낭독하고 대한 독립 만세를 외쳤어. 또 탑골 공원에서는 학생들이 중심이 되어 〈독립 선언서〉를 읽고 만세 운동을 시작했지.

이화 학당 학생들도 당장 교문으로 달려갔어.

"우리도 만세 운동에 참여하자!"

그런데 교장 선생님이 교문 앞에 나와 두 팔을 벌리고 막아섰어.

"나라를 지키고 싶은 마음은 이해하지만 너무 위험합니다. 정 나가고 싶다면 나를 밟고 가세요."

학생들 대부분은 뒤로 물러섰지만 유관순은 그럴 수가 없었어. 5인 결사대와 학교 뒷담을 넘어 사람들 사이로 달려 들어가며 소리 높여 외쳤어.

"대한 독립 만세! 대한 독립 만세!"

그런데 자꾸 눈물이 났어. 그저 만세를 부를 뿐인데 마음이 벅차올라 눈물을 참을 수 없었어. 뒤늦게 달려온 일본 경찰들이 사람들을 위협하며 막아섰지만 만세 소리는 꺼질 줄 몰랐지.

기숙사로 돌아온 유관순은 흥분을 가라앉힐 수가 없었어.

'오늘처럼 삼천리 방방곡곡에서 온 민족이 다 함께 들고일어나 만세 운동을 벌인다면 우리나라가 독립할 수 있지 않을까?'

유관순은 닷새 뒤에 학생들이 주도해 연 만세 운동에도 참여했어. 일본 경찰에게 잡혀 남산 경무 총감부로 끌려갔다가 간신히 풀려났지만 만세 운동에 대한 의지는 더욱더 강해졌지.

만세 운동의 열기가 전국으로 번져 나가자 일본은 학교 수업을 중단시키는 휴교령을 내렸어. 이화 학당도 문을 닫아야 했지.

유관순은 고향으로 내려가 마을 어른들을 찾아갔어. 그러고는 경성에서 일어난 일을 들려줬지. 뒤늦게 만세 운동 소식을 들은 어른들은 주먹을 불끈 쥐었어.

유관순 인터뷰

유관순 열사님, 서대문 형무소에서 모진 고문을 받으면서도 대한 독립 만세를 외친 이유가 뭔가요? 고문이 두렵지 않았나요?

고문이요? 당연히 두려웠지요. 정말 끔찍하고 고통스러웠지만 그보다 훨씬 두려운 게 있었어요. 일제의 강압에 우리가 나라 찾는 걸 포기할까 봐, 이대로 나라를 영영 빼앗기게 될까 봐 너무나 무서웠어요. 그래서 우리 민족이 얼마나 독립을 원하는지 그들에게 보여 주기 위해 만세를 외쳤답니다.

"온 백성이 나라를 찾겠다고 일어나는데 우리라고 가만히 있을 수 없지."

유관순은 조인원, 김구응 등 마을 어른들과 함께 4월 1일에 아우내 장터에서 만세 운동을 벌이기로 했어. 그날은 음력으로 3월 1일이라 3·1 운동을 잇는다는 의미가 있고, 장터가 열리는 날이라 사람들이 모여들기 좋았어.

유관순은 일본 경찰의 의심을 피하기 위해 아낙네처럼 머릿수건을 뒤집어썼어. 그러고는 밤낮으로 근처 마을을 찾아다니며 만세 운동을 설명하고 함께하자고 설득했어. 그사이 마을 사람들은 사람들에게 나눠 줄 태극기를 그리는 등 비밀리에 만세 운동을 준비했지.

마침내 1919년 4월 1일의 날이 밝았어. 오후 1시, 아우내 장터에 수천 명의 사람들이 모였어.

마을 교회의 조인원 속장이 높은 곳에 올라가 〈독립 선언서〉를 읽었어.

"우리는 여기에 우리 조선이 독립된 나라인 것과 조선 사람이 주인임을 선언하노라!"

사람들이 일제히 태극기를 치켜들며 외쳤어.

"대한 독립 만세! 일본은 당장 물러가라!"

유관순은 조인원과 함께 사람들을 이끌고 태극기를 흔들며 장터를 행진했어.

얼마 지나지 않아 일본 헌병대가 출동했어.

"해산하라! 해산하지 않으면 총을 쏘겠다!"

그러나 만세 소리는 더욱더 높아졌지.

헌병대는 칼과 몽둥이를 마구 휘둘렀어. 사방에서 사람들이 다쳐 쓰러지고, 목숨을 잃는 이도 생겼어. 그 와중에 유관순은 큰 부상을 입고, 유관순의 어머니와 아버지마저 헌병대의 총검에 눈을 감고 말았어. 그러나 슬퍼할 겨를도 없었어. 대규모의 헌병대가 출동하며 아우내 장터가 피로 물들었거든.

나는 죄인이 아니다!

유관순은 함께 만세를 부른 사람들과 체포되어 헌병대로 끌려왔어.

일본인 조사관이 유관순을 다그쳤어.

"누가 주동자인지 당장 말해라."

"내가 주동자다."

"헛, 너처럼 어린 여자가 주동자라고? 당장 사실을 말해!"

조사관은 불에 시뻘겋게 달군 인두를 들이대며 협박했어.

"이래도 털어놓지 않을 거냐?"

유관순은 눈 하나 깜빡이지 않고 코웃음을 쳤어.

"주동자가 누군들 무슨 소용이냐. 우리나라 사람 모두가 너희들을 남의 나라 빼앗은 날강도라고 생각하는데!"

"뭐얏? 이것이 누구 앞에서 함부로 입을 놀려!"

조사관의 화난 얼굴이 코앞으로 다가들며 뜨거운 인두가 유관순의 허벅지에 닿았어.

"으아악!"

유관순은 견딜 수 없는 고통에 몸부림치다가 결국 실신하고 말았지.

이날의 고문은 시작에 불과했어. 유관순이 공주 형무소로

유관순의 한마디

내 손톱이 빠져 나가고,
내 귀와 코가 잘리고,
내 팔과 다리가 부러져도,
그 고통은 이길 수 있으나
나라를 잃어버린 고통만큼은 견딜 수가 없습니다.

나라에 바칠 목숨이
오직 하나밖에 없는 것만이
이 소녀의 유일한 슬픔입니다.

끌려와 재판을 받던 5월 9일에는 잦은 고문으로 이미 몸이 많이 야윈 상태였어. 그래도 재판정에서의 유관순은 거칠 것 없이 당당했어.

"나는 죄가 없으니 당장 풀어 주시오."

"어째서 죄가 없다고 하느냐?"

"내 나라 찾겠다고 만세를 부른 게 어찌 죄가 되겠소? 죄가 있다면 남의 나라 빼앗고 남의 백성 괴롭힌 당신들에게 있지 않겠소?"

너무나도 옳고 당연한 유관순의 주장에 일본 재판관은 말문이 막혔어.

이날 유관순은 징역 5년 형을 선고받았어. 독립 만세 운동이 정당하다고 당당하게 주장하는 게 괘씸하다며 무거운 형을 내린 거야. 유관순과 가족들은 판결을 받아들이지 않고 더 높은 법원에 항의해서 다시 재판을 받기로 했어.

두 달 뒤, 경성에 있는 서대문 형무소로 옮겨져서 받은 두 번째 재판에서는 징역 3년으로 형량이 줄어들었어. 그러나 유관순이 재판 도중 일본 왕을 모독했다며 특별 감시를 받도록 했어.

유관순은 두 번째 판결을 받아들였지만 독립운동을 멈출

생각은 눈곱만큼도 없었어.

"감옥 안에서 독립운동을 하자!"

유관순은 기회가 생길 때마다 대한 독립 만세를 외쳤지. 그리고 그때마다 간수에게 끌려가 끔찍한 고문을 받고, 빛 하나 들어오지 않는 좁아터진 독방에 갇혔어.

그래도 유관순은 지치지 않았어. 수감자들과 비밀리에 만세 운동 계획을 세웠지.

"3·1 만세 운동 1주년이 되는 날, 모든 수감자가 만세를 불러 우리의 독립 의지를 알립시다."

죽는 순간까지 부르고 싶었던 대한 독립 만세!

1920년 3월 1일 오후 2시, 유관순과 여자 수감자들은 약속대로 만세를 외쳤어.

"대한 독립 만세! 대한 독립 만세!"

이 소리는 감옥 바깥으로 넘어가 다시 한번 근처 사람들의 만세 운동을 자극했어. 거리에 또다시 태극기가 넘실거렸지.

이 일이 유관순이 꾸민 것이라는 사실을 단박에 알아낸 간수들은 당장 유관순을 고문실로 끌고 갔어. 그리고 언제나처럼 구둣발로 밟고 칼집으로 때리고 벽과 바닥에 내던졌어. 유관순이 고문을 못 견디고 기절하면 찬물을 부어 깨우고, 다시 고문하다 기절하면 또 찬물을 부어 깨우기를 반복했지.

그 와중에도 유관순은 의지를 굽히지 않았어.

"너희들이 아무리 때리고 짓밟고 부숴도 소용없어. 우리 민족은 잡초거든. 쓰러지면 다시 일어나고, 또 쓰러져도 다시 일어나 끝없이 만세를 부를 거야. 그리고 끝내는 빼앗긴 나라를 되찾고 말 거야!"

화가 난 간수부장은 구둣발로 유관순의 배를 힘껏 걷어찼어. 방광이 터지며 유관순은 정신을 잃었지.

유관순 갤러리

◀ 이화 학당 재학 당시의 유관순
뒷줄 맨 오른쪽 앳된 모습의 소녀가 유관순이다.

▲ 유관순의 수형 기록표
아우내 장터 만세 운동을 주도했다는 이유로 서대문 형무소에 갇힌 유관순의 수형 기록표. 모진 고문을 당해 얼굴이 퉁퉁 부어 있다. 서대문 형무소 역사관에서 볼 수 있다.

▲ 서대문 형무소 역사관의 8번 방
일제 강점기에 일본은 수많은 독립운동가를 잡아 서대문 형무소에 가두었다. 지금 이 건물은 서대문 형무소 역사관으로 보존하고 있다. 8번 방은 유관순이 수감되어 있던 곳이다.

그날 이후 유관순의 몸은 급격히 쇠약해졌어. 아우내 장터에서 잡혀 온 뒤로 쉴 새 없이 받아 온 고문 때문에 만신창이가 되었는데 방광까지 터지니 버텨 낼 재간이 없었지. 배를 펴고 일어나는 것도, 걷는 것도 죽을 만큼 힘들었어. 보다 못한 수감자들이 유관순을 치료해 달라고 요구했지만 간수들은 들은 척도 하지 않았어.

면회 온 오빠 우석과 이화 학당의 월터 선생님은 유관순의 모습에 충격을 받아 말문이 막혔어. 차마 눈 뜨고 볼 수 없을 정도로 몸이 앙상하게 말라 있었고 제대로 걸음을 걷지도 못했으니 말야. 또 얼굴은 퉁퉁 부어 예전의 모습을 찾아 볼 수 없을 정도였어. 그동안 얼마나 끔찍한 일을 겪었는지 짐작하고도 남았지.

그런데도 유관순은 자기처럼 만세 운동을 벌여 감옥에 갇혀 있다 나온 오빠의 건강이 어떤지, 어린 동생들은 잘 지내는지 그 걱정뿐이었어.

"나도 건강하고, 인석이랑 관석이도 다 잘 있으니 걱정 말거라."

유관순은 그제야 마음을 놓았어.

월터 선생님이 유관순의 손을 잡고 간곡히 부탁했어.

"더 이상 고문을 받으면 위험해요. 제발 더는 만세를 부르지 마요."

유관순은 미소를 지어 보이며 대답했어.

"선생님, 저는 만세를 불러야 힘이 나요. 그러니 제 걱정은 마세요."

그러나 유관순은 더 이상 만세를 부를 수 없었어. 고문으로 생긴 상처들이 곪아 터졌고, 구둣발에 맞아 터진 방광이 썩어 갔거든. 견디기 힘든 통증으로 숨조차 쉬기 힘들었지.

유관순은 자꾸만 감기는 눈을 뜨며 그날을 떠올렸어. 아우내 장터를 가득 메운 사람들의 만세 소리가 귀에 들리는 듯했지. 그 목소리를 떠올릴 때마다 우리나라가 언젠가 꼭 독립을 할 거라는 믿음이 들어 행복했어.

유관순은 잘 벌려지지도 않는 입을 움직여 외쳤어.

"대한 독립 만세! 우리나라 만세!"

그리고 눈을 감은 뒤 다시는 뜨지 않았어.

1920년 9월 28일 오전 8시 20분, 특별 사면을 받아 감옥에서 풀려나기 이틀 전이었지.

형무소에서는 유관순이 죽은 지 십수 일이 지나 이화 학당 선생님들의 항의를 받고서야 할 수 없이 시신을 내놓았어.

시신에 남아 있는 끔찍한 고문의 흔적을 숨기려 했던 거야.

 이화 학당 친구들과 선생님들은 유관순의 시신에 눈물로 지은 비단 수의를 입히고 가슴에 태극기를 덮어 장례를 치렀어. 그리고 일본 형사들의 감시 속에 이태원 공동묘지에 묻었지. 이때 유관순의 나이 열아홉. 죽기에는 너무나도 아깝고 억울한 어린 나이였어.

 유관순이 그토록 바랐던 독립은 그녀가 죽고 25년 뒤에야 이루어졌어.

 독립이 된 그날, 저세상의 유관순은 사내아이처럼 동네를 휘젓고 다니던 때와 같이 씩씩하고 맑게 웃고 있지 않았을까?

배움으로 힘을 길러 나라를 되찾자

윤봉길은 1908년 충청남도 예산군 덕산면 시량리에서 농부의 아들로 태어났어. 어릴 때 별명은 살가지(살쾡이)였어. 성질이 불같고 거침이 없었거든. 힘이 세서 싸움도 잘하고, 욕심도 많아 책도 많이 읽고 공부도 열심히 했어.

윤봉길의 나이 열두 살, 덕산 공립 보통학교에 다닐 때였어. 3월 하순의 어느 날, 갑자기 일본인 교장 선생이 교실로 들어왔어.

"오늘 수업은 이만하겠다. 절대로 장터에 들르지 말고 곧장 집으로 가라."

윤봉길은 곧바로 장터로 갔어. 하지 말라면 더 하고야 마는 성격이거든. 그런데 장터는 평소의 장터가 아니었어. 사람들이 몰려나와 태극기를 흔들며 만세를 부르고, 길바닥에는 〈독립 선언서〉가 나뒹굴었어. 그리고 칼을 찬 헌병들이 나타나 만세 부르는 사람들을 닥치는 대로 짓밟고 때리며 잡아갔어. 얼마 전 어른들이 쉬쉬하며 말하던 3·1 만세 운동이 덕산까지 퍼진 거야.

집에 온 윤봉길은 마음이 진정되지 않았어.

'우리는 왜 일본에게 나라를 빼앗겼을까? 우리는 언제까

지 일본의 지배를 받아야 할까?'

이런 생각이 들자 지금까지처럼 일본어와 일본 역사를 배우고, 일본 국가를 부르고, 일본 왕에게 충성을 맹세하는 맹세문을 외울 수가 없었어.

윤봉길은 부모님에게 허락을 얻어 학교를 관두고 '오치 서숙'이라는 글방에 다녔어.

오치 서숙에서 공부한 지 몇 년 지났을 때야. 머리 식힐 겸 언덕을 거니는데 한 젊은이가 가슴에 뭔가를 잔뜩 안고 올라오며 물었어.

"혹시 글을 읽을 줄 아시오?"

윤봉길이 고개를 끄덕였어.

젊은이는 가슴에 안고 있던 것을 내려놓았어. 그것은 죽은 사람의 이름을 적어 무덤 앞에 세워 놓는 묘표였지.

"이 묘표들 중에서 '김선득'이라는 이름이 적힌 걸 찾아 주시오. 내가 까막눈이라 아버지 묘를 못 찾아 공동묘지의 묘표를 몽땅 뽑아 왔다오."

윤봉길은 기가 막혔어.

"성함을 찾아낸들 무엇하겠소. 어디 꽂혀 있었는지를 모르는데."

윤봉길 업적

★ 1929년 '월진회'라는 단체를 만들어 농촌 사람을 계몽하는 일에 앞장섬.

★ 중국 상하이로 건너가 김구가 만든 항일 독립운동 단체인 '한인 애국단'에 입단함.

★ 1932년 4월 29일 훙커우 공원에서 물통 폭탄을 던져 일본군 주요 인사들을 죽거나 다치게 함.

★ 훙커우 공원 의거로 중국의 장제스로부터 우리나라 독립운동에 대한 지원을 이끌어 냄.

젊은이는 그제야 자신의 어리석음을 깨닫고 울음을 터뜨렸어.

윤봉길은 무식해서 아버지 산소를 잃은 젊은이를 보고 이런 생각이 들었어.

'우리가 나라를 잃고 일본의 지배를 받는 것도 무식한 탓이다. 나라를 되찾을 방법은 배움으로 힘을 기르는 것이다!'

윤봉길은 당장 오치 서숙에서 함께 공부한 친구들과 야학을 열어 마을 농민들에게 한글, 역사, 산수 등을 가르쳤어. 직접 《농민독본》이라는 책을 써서 교과서로 사용하기도 했지. 그뿐이 아냐. '월진회'라는 농민 단체를 만들어 독서회와 체육회를 이끄는 등 농촌 계몽 운동을 적극적으로 펼쳤어.

독립운동을 위해 중국으로

윤봉길이 월진회 활동으로 바쁘게 지낼 때 이흑룡이라는 청년이 찾아왔어.

"저는 만주에 있는 독립 단체에서 활동하는 사람입니다."

그는 상하이 임시 정부나 독립 단체들에 관한 이야기를 들려주며 윤봉길에게도 해외에서 활동해 볼 것을 권했어.

윤봉길은 마음이 흔들렸어.

'이흑룡 말대로 농촌에서 사람들을 가르치는 것만으로 나라를 되찾는다는 건 어렵겠지? 점점 더 강해지는 일본과 맞서려면 보다 적극적으로 독립운동을 해야 해.'

마침내 윤봉길은 해외에서 독립운동을 펼치기로 결심하고, 비밀리에 떠날 준비를 했어.

1930년 3월 6일, 새벽 일찍 일어난 윤봉길은 호롱불을 켜고 붓글씨를 썼어.

'대장부는 뜻을 세워 집을 나가면 뜻을 이루기 전에는 돌아오지 않는다.'

윤봉길은 이 짧은 편지를 책갈피에 끼워 두고, 아무 일 없는 듯 아내가 차려 놓은 아침밥을 먹고, 아들을 한번 안아 준 다음 집을 떠났어.

그러나 중국행이 그리 순탄치는 않았어. 열차 안에서 고향 친구에게 '독립을 이루기 위해 중국으로 떠난다.'라는 편지를 쓰다가 일본 경찰에게 걸려 옥살이도 하고, 그 바람에 함께 떠나기로 한 이흑룡과 길이 엇갈리는 등 우여곡절을 겪고서야 간신히 만주에 도착했지.

본래 윤봉길은 상하이로 가서 김구를 만나고 싶었어. 3·1 만세 운동 이후 애국지사들이 세운 우리의 정통 정부 '상하이 임시 정부'에서 독립운동을 하고 싶었던 거야. 하지만 상하이까지 갈 여비가 없었어.

윤봉길은 일거리가 많다는 청도(칭다오)로 가서 일본인이 운영하는 세탁소에 취직했어.

'일본인 밑에서 일하는 건 싫지만 상하이에 갈 여비를 벌려면 꾹 참자. 그리고 언제 필요할지 모르니 일본어도 익혀 두자.'

1년쯤 일하고 나니 일본어 실력도 늘고, 상하이로 갈 여비도 모였어.

윤봉길은 그토록 오고 싶던 상하이에 도착했지만 김구를 만나겠다고 서두르지 않았어. 일본인이 많이 사는 홍커우 지역에서 야채 장사를 하며 일본군의 정보를 알아내는 등

윤봉길 인터뷰

사람들은 윤봉길 의사가 훙커우 공원 의거 때 도시락 폭탄을 던졌다고 알고 있는데 사실이 아니라면서요?

그래요, 그날 나는 끈 달린 물통 폭탄을 일본의 주요 인사들이 있는 단상에 던져 터뜨렸어요. 도시락 폭탄은 물통 폭탄이 터지지 않았을 때 던지거나, 의거를 끝낸 뒤 내 목숨을 끊기 위한 무기로 준비해 간 것이었습니다.

자신이 임시 정부에서 할 만한 일을 스스로 찾아 보았어.

그 무렵 상하이는 매우 혼란스러웠어. 1932년 1월 8일, 조선 청년 이봉창이 일본 도쿄에서 일본 천황 히로히토에게 폭탄을 던졌다가 실패한 사건이 시작이었어. 이때 중국의 한 신문이 "이봉창이 던진 폭탄이 불행하게도 일왕을 맞히지 못했다."라고 썼는데, 이것을 고깝게 생각한 일본이 상하이를 침략해 전쟁을 일으킨 거야. 사람들은 설마 중국이 조그만 섬나라에게 질까 했지만, 결과는 일본의 완전한 승리였어.

중국의 패배는 윤봉길에게도 충격이었어. 과연 일본이 얼마나 더 강해질지, 얼마나 더 남의 나라를 침략할지, 그 결말은 어떻게 될지 가늠이 되지 않았지.

'서둘러야 해. 머뭇거릴 시간이 없어.'

그때 상하이에 와서 우연히 알게 된 안중근의 친동생 안공근의 소개로 윤봉길은 드디어 김구를 만나게 되었어.

윤봉길은 김구를 만나자마자 말했어.

"이봉창 의사가 일으킨 도쿄 폭탄 투척 사건과 같은 계획이 있으면 꼭 저를 써 주십시오."

김구는 대답 대신 윤봉길이 살아온 이야기를 이것저것 물어봤어. 어디 사람인지, 가족 관계는 어떤지, 왜 중국까지 왔는지, 중국에선 어떤 일을 하며 지냈는지. 윤봉길은 모든 걸 솔직하게 털어놨어.

한참 동안 이야기를 들은 김구가 윤봉길의 손을 잡았어.

"내가 마침 자네와 같은 인물을 찾고 있었는데, 이렇게 찾아와 줘서 고맙네."

당시 김구는 한인 애국단이라는 비밀 독립운동 단체를 만들어 일본의 주요 인사들을 암살하는 무장 투쟁을 하고 있었어. 이봉창도 한인 애국단 소속으로 도쿄 폭탄 투척 사건을 일으켰던 거야.

이날의 만남 이후, 윤봉길은 김구와 자주 만나며 기회를 엿보았어.

운명의 그날을 위해

그러던 4월 20일, 신문에 눈을 번뜩이게 하는 기사가 실렸어. 4월 29일에 일본군이 상하이 사변에서 승리한 것과 일본 국왕의 생일인 천장절을 축하하는 행사를 훙커우 공원에서 연다는 것이었지.

김구와 윤봉길이 마주 보며 눈빛을 반짝였어.

"분명 이날 행사에 일본의 고위 관리들과 장군들이 참석할 거네."

"네, 그들을 쓰러뜨릴 최고의 기회입니다."

그러나 김구는 걱정스런 표정으로 물었어.

"자네 목숨도 위험해질 텐데 괜찮겠나?"

윤봉길은 씩씩하게 웃으며 대답했어.

"그럼요. 중국으로 건너올 때 이미 제 목숨을 나라에 바치기로 다짐했습니다."

이날 이후 윤봉길은 날마다 훙커우 공원에 가서 행사가 준비되는 과정을 지켜봤어. 높은 단상에는 일본의 어떤 인물들이 올라가는지, 자기는 어디에 서 있어야 폭탄을 잘 던질 수 있을지 적당한 위치를 봐 두었지. 그사이 김구는 도시락과 물통 모양의 폭탄을 준비했어. 행사에 참석할 환영객

윤봉길의 한마디

고향에 계신 부모, 형제, 동포여!
더 살고 싶은 것이 인정입니다.
그러나 죽음을 택해야 할 오직 한 번의
가장 좋은 기회를 포착했습니다.
나만, 나 혼자만 잘 먹고 잘살다 죽을 수도
있었습니다.
하지만 나는 나와 내 가족의 미래보다
조국을 선택했습니다.
100년을 살기보다 조국의 영광을 지키는
기회를 택했습니다.
안녕히,
안녕히들 계십시오.

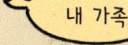

들은 도시락과 물통을 갖고 오라는 기사를 보고 아이디어를 얻은 거야.

드디어 거사일이 3일 앞으로 다가왔어. 윤봉길은 안중근의 동생 안공근의 집에서 한인 애국단에 입단하고 선서식을 치렀어.

"나는 조국의 독립과 자유를 찾기 위해 한인 애국단의 일원이 되어 중국을 침략한 일본 장교를 쓰러뜨릴 것을 맹세합니다."

그리고 벽에 걸린 커다란 태극기 앞에서 선서문을 가슴에 붙인 채 폭탄과 권총을 들고 사진을 찍었어.

거사를 하루 앞두고, 윤봉길은 홍커우 공원을 찾아갔어. 산책 나온 사람처럼 천천히 잔디를 밟으며 다음 날 열릴 행사를 위해 연습하는 일본군을 구경했어. 그리고 다시 한번 단상이 놓일 위치와 자신이 폭탄을 던질 자리를 확인했지.

그날 밤, 윤봉길은 자신이 중국에 와서 지낸 2년 남짓한 기간을 떠올려 봤어. 먹는 것, 자는 것, 입는 것 모든 게 말할 수 없이 고생스러운 나날이었지. 뜻한 바를 이룰 수 있을지도 알지 못하는 불안한 나날이었고, 고향의 가족들이 보고 싶은 그리운 나날이었지. 그러나 더 높이 날기 위해 움츠

린 나날이기도 했어.

"내일이면 날아오를 수 있다. 우리 민족의 고통을 내가 모두 안고 날아오르리."

마침내 1932년 4월 29일, 운명의 날이 밝았어. 윤봉길은 아침 일찍 김해산의 집으로 가서 김구와 아침 식사를 했어. 그리고 김구에게서 도시락과 끈 달린 물통 모양 폭탄 두 개와 일장기를 건네받은 뒤 택시에 올라탔어.

윤봉길을 태운 택시가 움직이자 김구가 외쳤어.

"후일 지하에서 만나세."

훙커우 공원에서 던진 물통 폭탄

홍커우 공원 안에는 수만 명의 일본인이 일장기를 들고 행사장을 메우고 있었어. 유창한 일본어로 일본인 행세를 하며 무사히 행사장에 들어온 윤봉길은 미리 봐 둔 자리에 서서 단상을 올려다봤어. 단상에는 시라카와 총사령관을 비롯한 일곱 명의 일본 주요 인사들이 올라가 있었어.

10시가 지나자 일본군이 상하이 사변에서 승리한 것을 축하하는 관병식이 거행되었어. 윤봉길은 일장기를 흔들며 소리치는 일본인들 틈에 섞여 관병식을 구경하는 체하며 폭탄을 던질 기회를 노렸어. 그런 가운데 관병식이 끝나고 천장절 기념행사가 시작되었어. 비가 부슬부슬 내리는 가운데 일본인들이 국가를 부르기 시작했지.

그때였어. 스피커에서 삑! 삑! 요란한 잡음이 났어. 사람들의 시선이 스피커로 몰렸지.

"이때다!"

단상 뒤쪽에 서 있던 윤봉길은 도시락 폭탄을 땅에 내려놓고는 물통 폭탄의 안전핀을 뽑았어. 그리고 경비를 서는 일본군을 뚫고 단상을 향해 달려가며 물통 폭탄을 힘껏 던졌어.

물통 폭탄은 포물선을 그리며 단상에 떨어졌고, 동시에

윤봉길 갤러리

▲ 한인 애국단 입단 선서식 후 윤봉길
한인 애국단에 입단한다는 자필 문서를 가슴에 붙이고, 양손에 권총과 폭탄을 쥔 채 태극기 앞에서 찍은 사진이다.

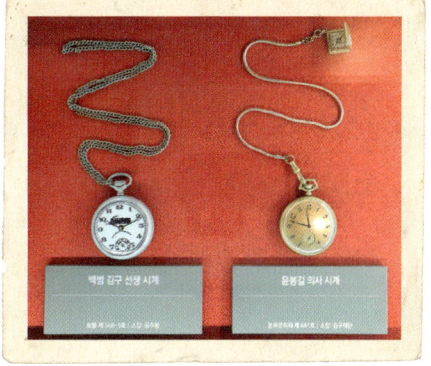

▲ 맞바꾼 김구와 윤봉길의 시계
훙커우 공원으로 떠나기 전에 맞바꾼 윤봉길의 새 시계(오른쪽)와 김구의 낡은 시계(왼쪽). 현재 백범 김구 기념관에 전시되어 있다.

◀ 훙커우 공원
1932년 윤봉길이 폭탄을 던진 직후의 혼란스러운 모습이다.

거대한 폭발음을 냈어. 이내 행사장은 하얀 연기로 뒤덮이며 아수라장이 되었지. 공포에 질린 일본인들의 비명 소리로 훙커우 공원이 들썩였어.

폭탄이 제대로 터진 것을 확인한 윤봉길은 도시락 폭탄을 집어 들려고 돌아섰어.

그 순간! 윤봉길은 일본인 헌병에게 잡히고 말았어.

일본군 헌병대로 끌려온 윤봉길은 당당하게 자신이 누구인지 밝히고 혼자서 폭탄을 던졌다고 얘기했어.

"이 모든 일은 전부 나 혼자 계획하고 실행한 것이다."

일본은 윤봉길의 말을 믿지 않았어. 분명히 이 일을 지시한 자가 있을 거라 여기고 심한 고문을 했지. 그러나 윤봉길은 절대 말을 바꾸지 않았어.

분노한 일본은 상하이에 있는 조선인들을 닥치는 대로 잡아들였어. 아무 상관 없는 조선인들이 큰 피해를 입었지. 결국 이를 보다 못한 김구가 자신이 윤봉길 사건을 지휘한 한인 애국단 단장임을 밝혔어. 그러자 이 소식을 들은 중국의 정치가 장제스가 "중국의 100만 대군도 못한 일을 조선의 청년 한 명이 해냈다."라며 우리나라의 독립운동을 적극 후원하기 시작했어. 조국에 있는 동포들도 우리 민족이 살아 있다는 걸 다시 한번 확인하며 힘을 얻었지.

　　그러나 윤봉길의 앞날은 어두웠어. 일본은 군인도 아닌 윤봉길을 군사 재판에 부쳤고, 체포한 지 한 달도 안 되어 판결을 내렸어.

　　"윤봉길을 살인, 살인 미수, 폭발물 단속법 위반죄로 사형에 처한다."

　　윤봉길은 재판 내내 흐뭇한 미소를 지었어. 재판을 하면서 자기가 던진 폭탄으로 단상에 있던 시라카와 총사령관을 비롯한 두 명이 죽고, 나머지 다섯 명도 중상을 입었다는 사실을 알게 된 거야.

　　상하이의 형무소 독방에 수감된 윤봉길은 반년 만에 일본 오사카에 있는 형무소로 옮겨졌다가 다시 한 달 뒤 가나자와 형무소로 옮겨졌어.

1932년 12월 19일의 아침이 밝아 왔어.

윤봉길은 가나자와 육군 작업장의 눈 쌓인 골짜기로 끌려 나왔어. 곧이어 무릎 꿇린 뒤, 십자가 모양의 형틀에 양팔이 묶이고, 헝겊으로 두 눈이 가려졌어.

"마지막으로 할 말이 있는가?"

사형 집행인의 물음에 윤봉길은 담담하게 대답했어.

"사형은 이미 각오한 것이니 아무 할 말이 없다."

잠시 뒤 총성이 울리고 윤봉길이 고개를 떨어뜨렸어. 이로써 스물다섯 살의 짧은 생애가 끝났지.

일본은 윤봉길의 시신을 처형장 근처, 사람이 발로 밟고 지나가는 곳에 몰래 묻고 이 사실을 비밀에 부쳤어. 시신을 조선으로 가져가면 독립운동에 불이 붙을까 봐 두려웠던 거야.

그러나 우리나라가 광복을 맞이한 이듬해, 김구와 임시정부 유해 발굴단의 노력으로 윤봉길 의사의 유해가 발굴되어 서울 효창 공원에 안치되었어. 독립운동을 위해 중국으로 떠난 지 17년 만에 조국의 품으로 돌아온 거지. 영원히 식지 않을 뜨거운 애국심과 함께.

두리번 두리번

치하포는 일본인들이 자유롭게 다닐 수 있는 곳인데 무슨 이유로 조선 사람으로 위장하고 있는 걸까?

역시, 일본 놈이었군!

국밥 한 그릇 주시므니다.

저것은 칼집! 칼을 지녔다면 예사 일본인은 아닌 듯한데.

청년은 지난해 일본인들에게 한 나라의 국모인 명성 황후가 시해당한 끔찍한 사건을 떠올렸다.

혹시 경복궁에서 일어난 그 사건과 연관된 자가 아닐까?

어쩌면 저자가 국모를 시해한 일본인들 중 한 명일 수도 있다. 만약 아니라고 해도 조선인으로 변장한 걸 보면 뭔가 우리 민족에게 해로운 짓을 하려는 게 분명해.

왜놈은 우리 민족에게 독버섯과 같은 존재이니….

김창암, 김창수, 김구

김구는 1876년 황해도 해주에서 태어났어. 어릴 때 이름은 창암이었지. 동네에서 소문난 개구쟁이라 부모님 속을 꽤나 썩였어. 하지만 차츰 장난기가 사라졌어. 집안은 찢어지게 가난하고, 신분은 양반에게 업신여김 당하는 상민이었거든. 양반이 되기 위해 밤낮으로 글공부를 하여 과거 시험도 봤지만 소용이 없었어. 돈 많은 이들이 미리 돈을 주고 관직을 샀기 때문에 애당초 합격할 수가 없었지.

창암이가 실망에 빠져 있을 때 귀가 번쩍 뜨이는 소문이 들렸어.

"동학에서는 가난한 자든 부자든 양반이든 상민이든 모두가 평등하대."

동학은 최제우가 어지러운 세상을 구하기 위해 만든 종교였어.

창암이는 당장 동학 신도가 되었고, 이름도 새로운 삶을 열겠다는 뜻의 '창수'로 바꾸었어. 1894년에는 부패한 나라를 바로잡고 외세의 간섭을 물리치자며 들고일어난 동학 농민 혁명에 참여하기도 했지.

그러나 나라는 점점 혼란스러워졌어. 일본은 조선을 삼키

려고 자기들에게 방해가 되는 명성 황후를 시해하는 끔찍한 짓을 저질렀어. 뿐만 아니라 남자의 상투를 자르는 단발령까지 실시했지. 일본인들이 가위를 들고 다니며 상투를 잘라 버리자 백성들이 들고일어났어.

"일본에 맞서 싸우자!"

청나라로 가던 길에 소식을 들은 창수는 백성들과 함께 싸우고자 황급히 발길을 돌렸어. 그런데 바로 그때 치하포 나루터에 들렀다가 조선인으로 위장한 일본군 장교 스치다를 살해했어.

창수는 경찰에 체포되어 인천 형무소에 갇혔고, 사형 판결을 받았어. 이미 죽음을 각오하고 저지른 일이었기에 후회도 없고, 두려움도 없었어. 하지만 과연 자신이 한 일이 나라를 위해 보탬이 되었는가에 대한 아쉬움은 있었지.

8월 26일, 마침내 사형 날짜가 되었어. 창수가 차분히 죽음의 순간을 기다리는데 갑자기 인천 형무소로 한 통의 전화가 걸려 왔어.

"당장 김창수의 처형을 멈춰라!"

전화를 건 사람은 바로 조선의 임금인 고종이었어. 조선의 한 청년이 국모를 시해했다고 생각되는 일본인 장교를 죽

김구 업적

★ 1919년 상하이로 건너가 독립운동을 시작함.

★ 1926년 대한민국 임시 정부 국무령에 취임함.

★ 1932년 이봉창과 윤봉길의 폭탄 투척 사건을 지휘함.

★ 1940년 대한민국 임시 정부 주석에 뽑히고, 한국 광복군을 조직함.

★ 1945년 해방 뒤 국내로 돌아와 통일된 자주 국가를 이루기 위해 노력함.

인 죄로 사형을 당할 처지에 놓여 있다는 소식을 전해 들은 고종이 직접 전화를 걸어 사형 집행을 중단하라는 특명을 내린 거야.

이 기적 같은 한 통의 전화로 창수는 죽음 직전에 극적으로 목숨을 구할 수 있었어. 그러나 일본 측의 거센 항의로 형무소에서 풀려날 수는 없었어.

"나라가 위태로운데 감옥에서 시간을 썩힐 수는 없어."

창수는 고민 끝에 형무소를 탈출했어. 그리고 도망자 신세가 되어 이곳저곳을 떠돌아다녔어.

3년 만에 고향으로 돌아온 그는 일본인의 감시를 피하기 위해 이름을 '김구'로 바꾸고, 선생님이 되어 학생들을 가르치는 데 힘을 쏟으며 새로운 인생을 시작했어.

독립운동에 몸을 바치기로 결심한 천하고 평범한 사람

그즈음, 나라는 바람 앞의 촛불처럼 위태로웠어. 1905년에 일본이 조선을 위협하여 외교권을 빼앗는 을사조약을 체결한 거야.

나라를 빼앗길지도 모른다는 위기감을 느낀 김구는 독립운동을 적극적으로 하기 위해 비밀 결사 조직인 신민회에 들어갔어. 그러나 우리나라는 1910년, 끝내 일본의 식민지가 되고 말았지.

기세가 등등해진 일본은 조선의 독립운동을 막으려고 독립운동가들을 잡아들였어. 신민회 활동을 하던 김구도 서대문 형무소에 잡혀가 심한 고문을 당했어.

"신민회가 안명근에게 데라우치 총독을 살해하라고 지시했지?"

안명근은 만주 하얼빈역에서 조선 총독부 통감인 이토 히로부미에게 총을 쏘아 죽게 한 안중근의 사촌이었어.

"그런 일 없소."

"죽기 싫으면 사실을 말해!"

"없는 사실을 어떻게 말하란 말이냐!"

사실 일본은 안명근이 신민회와 상관없다는 걸 알고 있었어. 조선 총독부의 데라우치 총독을 암살하려는 계획 같은 걸 세우지 않았다는 것도 당연히 알고 있었어. 안명근에게 죄가 있다면 북간도에 가서 독립군을 키울 군자금을 모았다는 것뿐이었지.

그러나 일본은 이 일을 구실로 독립운동가들을 모조리 없앨 작전을 짰어. 신민회의 독립운동가들이 안명근을 시켜 총독을 암살하려는 음모를 꾸몄다고 사건을 거짓으로 조작한 거야. 이 과정에서 황해도와 평안도 일대에 사는 신민회 회원들을 무려 600여 명이나 잡아들

김구 인터뷰

김구 선생님, 《백범일지》라는 자서전을 남기셨잖아요? 자서전을 쓰게 된 계기는 무엇이고, 어떤 내용이 담겨 있나요?

《백범일지》는 어린 두 아들에게 아버지가 살아온 삶을 알려 주기 위해 쓴 자서전이랍니다. 양반이 되기를 소원했던 어린 시절부터 동학 교도였던 청년기, 일제 강점기 때의 독립운동 활동, 해방된 후에 민족주의자로 활동했던 나의 전 생애를 담았지요.

였고, 조작한 사건을 사실로 만들기 위해 끔찍한 고문을 가했어. 독립운동가들이 고문에 못 이겨 쓰러지면 일본이 하라는 대로 대답하게 하려는 속셈이었지.

김구는 매일같이 고문실로 끌려가며 외쳤어.

"너희가 고문으로 나의 생명을 빼앗을 수는 있을 것이다. 하나 내 정신만큼은 절대 빼앗지 못할 것이다."

그럴수록 고문은 더욱더 심해졌고, 김구의 몸은 만신창이가 되었어.

밤새 고문을 당하고 감방에 돌아온 김구는 문득 이런 생각이 들었어.

'일본의 고문관들은 남의 나라를 집어삼킨 자기 나라를 위해 저토록 밤을 새워 일하는데, 나는 과연 내 나라를 구하기 위해 밤을 새워 일한 날이 얼마나 될까? 이러고도 내가 빼앗긴 나라를 되찾겠다고 말할 자격이 있을까?'

그는 바늘로 된 방석에 누워 있는 것처럼 온몸이 고통스런 와중에도 부끄러움에 눈시울을 적셨어.

얼마 뒤 일본은 조작 사건으로 잡아들인 600여 명 중 105명에게 유죄 판결을 내렸어. 김구도 15년 형을 선고받았는데, 일본 왕이 죽고 5년 형으로 감형되었어.

이때 김구는 이름의 '거북 구(龜)'자를 '아홉 구(九)'자로 바꾸었어. 일본 호적에 올라 있는 김구(金龜) 대신, 발음은 같으나 뜻은 다른 김구(金九)를 사용하고자 한 거지. 또 호를 백범으로 정했어. 백범의 백(白)은 사람들이 모두 천하다 여기는 소를 잡는 백정이고, 범(凡)은 평범한 사람인 범부야. 스스로 '천하고 평범한 사람'이 되겠다는 의미였지.

"오늘부터 나는 오직 나라의 독립을 위해 살 것이다!"

김구가 5년 만에 감옥에서 나오니 조선은 일본의 세상이 되어 있었어. 조선인은 일본인의 포악한 지배 속에서 숨도 제대로 쉴 수 없었지. 결국 참다못한 조선인의 분노가 폭발하여 1919년 3·1 만세 운동이 일어났어.

"대한 독립 만세! 대한 독립 만세!"

한반도 방방곡곡이 태극기와 만세 소리로 넘실거렸어. 하지만 그만큼 많은 사람이 잡혀가고 죽임을 당했지.

독립운동가들은 국내에서는 독립운동이 어렵다는 판단을 하고 중국 상하이로 갔어. 그리고 한층 더 조직적으로 일본에 맞서기 위해 대한민국 임시 정부를 만들었지.

김구도 독립운동에 몸과 마음을 바치기로 결심하고 상하이로 향했어.

현상금 60만 원이 걸리다

김구는 신민회 활동 때 알던 안창호를 찾아갔어.

"제게 임시 정부의 문지기를 시켜 주십시오."

"아니, 문지기라니요?"

"우리나라 정부의 문지기가 되는 게 제 오랜 소원입니다."

"소원은 알겠으나 선생에겐 할 일이 많소. 경무국장을 맡아 주시오."

경무국장은 임시 정부의 독립운동가들을 보호하고, 첩자를 찾아내는 막중한 자리였어. 김구는 자신이 맡은 일이 곧 나라를 지키는 일이라 여기며 최선을 다했고, 1926년에는 임시 정부 최고 자리인 국무령에 올랐어.

김구는 밤낮을 가리지 않고 고민했어.

'최소의 비용으로 최대의 효과를 낼 수 있는 독립운동이 없을까?'

그러던 1932년 1월, 일본의 수도 도쿄에서 전 세계를 들썩이게 한 사건이 벌어졌어. 비록 실패했지만 이봉창이 일본 왕을 향해 폭탄을 던진 거야.

같은 해 4월에는 윤봉길이 중국 상하이 훙커우 공원에서 열린 일본 국왕의 생일과 일본군의 상하이 사변 승리를 축하

김구의 한마디

"네 소원이 무엇이냐?" 하고 하느님이 내게 물으시면 나는 서슴지 않고, "내 소원은 대한 독립이오." 하고 대답할 것이다. "그다음 소원이 무엇이냐?" 하면 나는 또 "우리나라의 독립이오." 할 것이요, 또 "그다음 소원이 무엇이냐?" 세 번째 물음에도 나는 더욱 소리를 높여서 "나의 소원은 우리나라 대한의 완전한 자주독립이오." 하고 대답할 것이다.
-〈나의 소원〉 중에서

하는 기념식장에서 물통 폭탄을 던져 여러 명의 지휘관을 죽게 했어.

일본은 미친 듯이 날뛰며 조선인들을 잡아들였어. 이 엄청난 사건들을 이봉창이나 윤봉길 혼자 일으킨 게 아니라고 판단한 거야.

그때 이 사건들을 계획한 이가 정체를 드러냈어. 바로 김구였어. 김구는 자신이 이봉창과 윤봉길에게 암살을 지시했다고 신문에 발표했어.

일본은 김구에게 현상금 60만 원을 내걸었어. 지금 돈으로 무려 200억 원에 달하는 어머어마한 금액이었지.

김구는 중국인으로 위장하고서 배를 타고 도망 다니며 임시 정부 활동을 했어. 이때 임시 정부의 가장 중요한 목표는 군대를 키우는 것이었어. 빼앗긴 나라를 되찾으려면 일본군과 맞서 싸울 군대가 꼭 필요했거든. 김구는 장제스 같은 중국 정부의 주요 인사들을 만나 협조를 구하는 등 다양한 노력을 기울였어. 그 결과 1940년 한국 광복군이 조직됐어.

그 무렵 전 세계는 전쟁으로 아수라장이 되었어. 유럽에서는 제2차 세계 대전이 일어났고, 아시아에서는 일본이 미국의 진주만을 공격하면서 태평양 전쟁을 일으켰지.

김구는 임시 정부의 이름으로 일본에 선전 포고를 했어. 동시에 한국 광복군은 미국, 영국, 소련 등의 연합국과 공동 작전으로 중국, 인도, 미얀마 등지에서 일본과 맞서 싸웠어. 또한 미군과 함께 비밀 훈련을 거쳐 조선으로 침투하여 일본군을 무찌를 준비도 했어.

그런데 작전 개시를 초조하게 기다리던 1945년 8월 15일 뜻밖의 소식이 전해졌어. 일본이 연합국에 무조건 항복을 선언했다는 거야. 일본의 항복은 곧 우리나라의 광복을 의미했지만 김구에게는 하늘이 무너지는 것 같은 소식이었어.

"우리 군대가 연합국과 함께 일본을 무찌르고 해방되기를 바랐건만……."

나라가 갈라지는 것만은 막아야 한다

김구는 아쉬움을 뒤로한 채 1945년 11월 임시 정부 요원들과 우리나라로 돌아왔어.

"27년 만에 밟아 보는 내 나라 내 땅이구나!"

하지만 벅찬 감동도 잠시.

그해 12월, 미국, 영국, 소련 대표가 모인 모스크바 3상 회의에서 날벼락 같은 결정이 내려졌어. 한반도 북쪽은 소련이, 남쪽은 미국이 맡아 다스리는 신탁 통치를 5년간 실시한다는 거였어.

김구는 당장 국무 회의를 열어 신탁 통치 결사 반대를 결정했어.

"여러분, 더 이상 다른 나라의 지배를 받는 일은 없어야 합니다. 한반도가 남북으로 갈라지는 일도 막아야 합니다."

국민들도 "신탁 통치 결사 반대!"를 외치며 김구의 주장에 찬성했어.

그런데 신탁 통치를 찬성하는 이들이 하나둘 생겼어. 남쪽의 지도자들과 북쪽의 지도자들이 서로 등을 돌리며 으르렁댔지. 급기야 남쪽과 북쪽에 따로따로 정부를 세우자는 얘기까지 흘러나왔어. 남과 북이 각각 정부를 세운다는 건

김구 갤러리

▲ 김구

◀ 삼팔선을 넘는 김구
많은 사람들의 반대를 무릅쓰고 비서 선우진(왼쪽), 아들 김신(오른쪽)과 함께 삼팔선을 넘어 북에 다녀왔다.

◀ 《백범일지》
상·하권으로 구성된 김구의 친필 자서전이다. 보물 제1245로 지정되어 있으며, 현재 백범 김구 기념관에 소장되어 있다.

남과 북이 다른 나라가 된다는 뜻이었어.

김구는 위험을 무릅쓰고 38도선을 넘어 평양으로 가서 북쪽 지도자인 김일성을 만났어. 그러나 김일성은 통일 정부를 세울 생각이 전혀 없었어.

김구가 평양에서 돌아온 얼마 뒤, 남쪽에서는 단독으로 선거를 실시하여 1948년 8월 15일에 이승만을 대통령으로 하는 대한민국 정부를 세웠어. 그리고 9월 9일에는 북쪽에서 조선 민주주의 인민 공화국 정부를 세웠지.

이로써 김구의 통일 정부를 향한 노력은 물거품이 되었어.

"내 소원은 첫째도 둘째도 셋째도 오직 우리나라의 독립뿐이었는데……. 남북으로 나뉘라고 목숨 바쳐 싸운 게 아니었는데……."

남과 북에 각각 정부가 수립된 이후 김구가 지내는 경교장에는 사람들의 발길이 뚝 끊겼어. 김구를 만나러 온 사람들로 언제나 북적이던 1층 응접실은 텅 빈 채 쓸쓸함만 감돌 뿐이었지.

김구는 붓글씨 쓰기와 책 읽기로 고통스런 마음을 다스렸어.

1949년 6월 26일, 유난히 햇살이 눈부셨던 그날도 그는

2층에서 붓글씨를 쓰고 있었지.

12시 50분쯤 비서 선우진이 2층 방문을 두드렸어.

"선생님, 포병 사령부의 안두희 소위가 찾아왔습니다."

"누구더라?"

김구는 그가 누군지 얼른 기억해 내지 못했어.

선우진이 기억을 더듬어 줬지.

"선생님이 위원장으로 계신 한국 독립당의 당원이기도 하고, 한 달 전에 꽃병을 들고 면회 온 적이 있었던……."

"아, 이제야 기억나는군. 올려 보내게."

김구는 선우진이 아래층으로 내려가자 붓을 내려놓고 창가 의자에 앉았어.

잠시 뒤 문이 열리면서 등 뒤에서 안두희 소위가 부르는 소리가 들렸어.

"선생님."

김구가 고개를 돌렸어.

"어서 오게."

그 순간 총성이 울리며 김구의 머리에서 피가 쏟아져 나왔어. 그리고 다시 총성 세 발이 연이어 울리면서 총탄이 김구의 앞머리와 허리와 배 아래를 맞혔지.

아래층에 있던 비서 선우진과 경비원들이 총소리를 듣고 황급히 달려왔지만 김구는 이미 이 세상 사람이 아니었어.

열흘 뒤 서울 운동장(동대문 운동장)에서 김구의 장례식이 국민장으로 치러졌어. 그가 떠나는 길에 100만 명에 이르는 사람들이 모여들었어. 가진 것도 없고 배운 것도 적고 신분도 높지 않았던 '김구'라는 한 평범한 사람이 온 마음과 몸을 바쳐 오직 나라의 독립을 위해 살아온 한평생에 모두들 눈물을 쏟았지. 그리고 어이없고 안타까운 죽음에 분노하고 탄식했어. 그렇게 김구는 불꽃같은 삶을 끝냈어.

하지만 오랜 세월이 흐른 지금도 여전히 백범 김구는 우리 민족의 큰 스승이자 보배로 기억되며 큰 감동을 주고 있어.

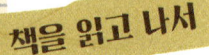

1. 이야기 속에 나온 어려운 단어의 뜻을 알아봅시다.

- **가늠**   기준 등에 맞는지 맞지 않는지 헤아려 봄.
- **고깝다**   섭섭하고 야속하여 마음이 좋지 않다.
- **국권**   국가가 가진 권력.
- **만행**   야만스러운 행동.
- **속장**   기독교 감리회의 모임인 속회를 맡아 이끄는 자리나 사람.
- **수의**   장례를 치를 때 죽은 사람에게 입히는 옷.
- **야학**   밤에 공부하는 것. 또는 밤에 여는 학교.
- **외교권**   주권을 가진 국가가 다른 나라의 간섭을 받지 않고, 직접 외국과 서로 의논하고 조율할 수 있는 권리.
- **유해**   시체를 태우고 남은 뼈.
- **의거**   정의를 지키기 위해서 의로운 일을 하는 것.
- **주동자**   어떤 일에 주되게 행동하는 사람.
- **진사**   조선 시대 시험 중에 진사시에 합격한 사람. 진사는 성균관에 입학할 수 있는 자격이 있었고, 다시 문과에 응시해 급제하면 관직에 나갈 수 있었다.

2. 각 인물과 그 인물을 상징하는 것을 알맞게 줄로 이어 봅시다.

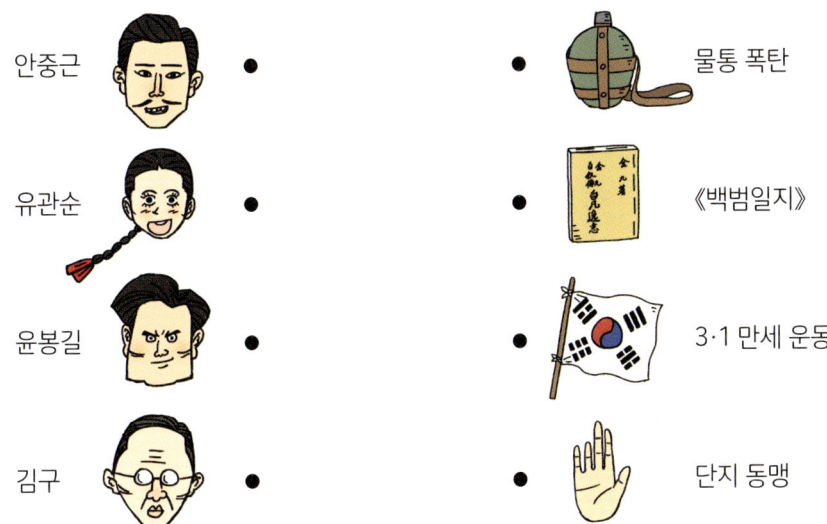

3. 현재 우리가 쓰고 있는 태극기를 그리고, 그 의미를 아는 대로 써 봅시다.

4. 네 명의 독립운동가 중 한 명을 골라 마음을 담은 편지글을 써 봅시다.

'책을 읽고 나서' 정답

2. 각 인물과 그 인물을 상징하는 것을 알맞게 줄로 이어 봅시다.

3. 현재 우리가 쓰고 있는 태극기를 그리고, 그 의미를 아는 대로 써 봅시다.

- 바탕: 밝음과 순수, 전통적으로 평화를 사랑하는 우리 민족성을 나타냅니다.
- 태극: '음'을 의미하는 파란색과 '양'을 의미하는 빨간색의 조화를 말합니다. 우주 만물이 음양의 조화에 의해 생겨나고 발전한다는 대자연의 진리를 나타냅니다.
- 건괘: 동쪽, 하늘, 봄을 뜻합니다.
- 감괘: 북쪽, 달, 겨울을 뜻합니다.
- 이괘: 남쪽, 해, 가을을 뜻합니다.
- 곤괘: 서쪽, 땅, 여름을 뜻합니다.

독립운동의 슈퍼스타들

2018년 10월 25일 1판 1쇄 | 2021년 12월 31일 1판 3쇄

글쓴이: 예영 | 그린이: 송진욱

편집: 최일주, 이혜정, 김인혜 | 교정·교열: 한지연 | 디자인: 권소연 | 제작: 박흥기
마케팅: 이병규, 이민정, 최다은 | 홍보: 조민희, 강효원
인쇄: 코리아피앤피 | 제책: J&D바인텍

펴낸이: 강맑실 | 펴낸곳: (주)사계절출판사 | 등록: 제406-2003-034호 | 주소: (우)10881 경기도 파주시 회동길 252 | 전화: 031)955-8588, 8558 | 전송: 마케팅부 031)955-8595 편집부 031)955-8596 | 홈페이지: www.sakyejul.net | 전자우편: skj@sakyejul.com | 페이스북: facebook.com/sakyejulkid | 인스타그램: instagram.com/sakyejulkid

ⓒ 예영, 송진욱 2018

사진: 47쪽 서대문 형무소 역사관의 8번 방, 69쪽 맞바꾼 김구와 윤봉길의 시계, 91쪽《백범일지》ⓒ 사계절출판사

값은 뒤표지에 적혀 있습니다. 잘못 만든 책은 구입하신 서점에서 바꾸어 드립니다.
사계절출판사는 성장의 의미를 생각합니다. 사계절출판사는 독자 여러분의 의견에 늘 귀 기울이고 있습니다.
이 책은 저작권법에 따라 보호받는 저작물이므로 무단전재와 무단복제를 금합니다.

ISBN 979-11-6094-393-1 73990
ISBN 979-11-6094-394-8 (세트)